Bhí Ocras ar Oisín

Nicola M

Margaret Anne Suggs
a mhaisigh

Feiliúnach do pháistí atá díreach tosaithe ar léamh na Gaeilge

An Gúm
Baile Átha Cliath

© Foras na Gaeilge, 2001

Athchló 2004, 2008

ISBN 978-1-85791-405-4

Muintir Chathail Teo. a chlóbhuail in Éirinn

Le fáil tríd an bpost uathu seo:
An Siopa Leabhar,   *nó*   An Ceathrú Póilí,
6 Sráid Fhearchair,   Cultúrlann Mac Adam–Ó Fiaich,
Baile Átha Cliath 2.   216 Bóthar na bhFál,
ansiopaleabhar@eircom.net   Béal Feirste BT12 6AH.
                                       leabhair@an4poili.com

Orduithe ó leabhardhíoltóirí chuig:
Áis,
31 Sráid na bhFíníní,
Baile Átha Cliath 2.
eolas@forasnagaeilge.ie

An Gúm, 24-27 Sráid Fhreidric Thuaidh, Baile Átha Cliath 1

Bhí ocras ar Oisín.

D'ith sé cairéad.

D'ól sé uisce.

D'ith sé úll.

D'ith sé cáca.

D'ith sé subh.

D'ith sé seacláid.

D'ith sé sméara dubha.

D'ith sé pónairí.

D'ith sé banana.

D'ith sé oráiste.

D'ith sé criospaí.

D'ól sé líomanáid.

D'ith sé milseán.

D'ith sé briosca.

D'ith sé borróg.

D'ól sé bainne.

D'ith sé ispín.

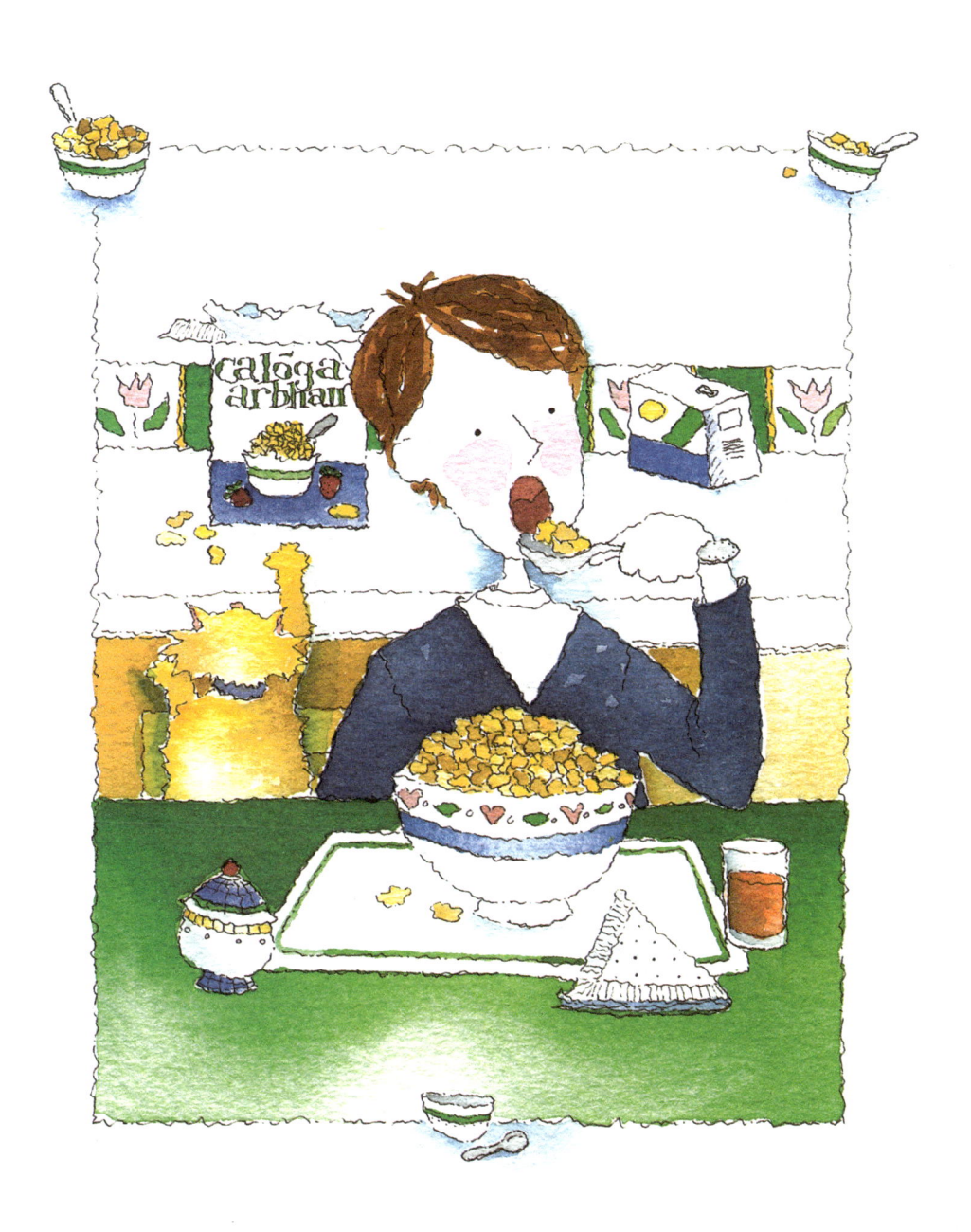

D'ith sé calóga arbhair.

D'ól sé sú oráistí.

D'ith sé borgaire.

Ansin thit sé ina chodladh.